J

Irène Cohen-Janca • Maurizio A. C. Quarello

El último viaje

DEL DOCTOR KORCZAK Y SUS HIJOS

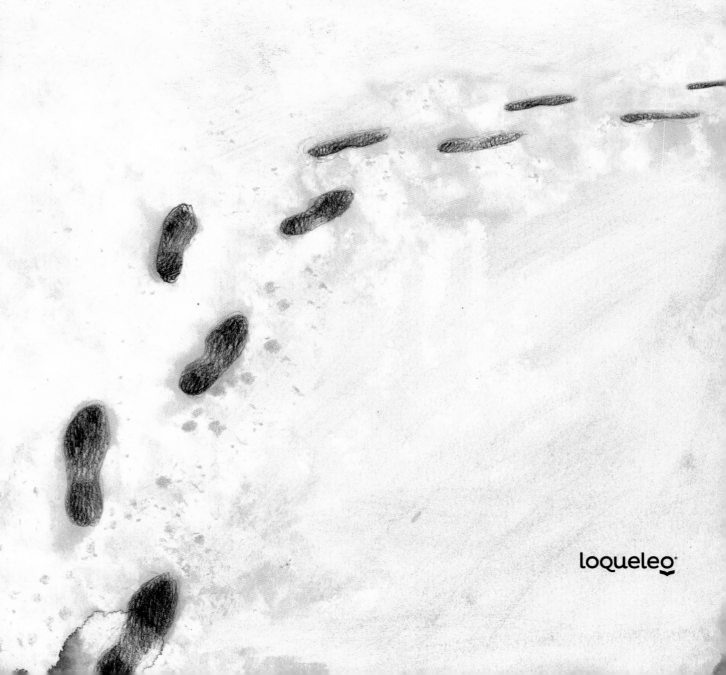

loqueleo

—¡Arrestaron al doctor Korczak!

—¡Arrestaron al doctor Korczak!

—¡Arrestaron al doctor Korczak!

—Se lo llevaron lejos de Varsovia,
a un campo de trabajo en Dublín, ¡y ahí se está muriendo!

—¡Lo torturaron y lo mataron!

—¡Se lo llevaron a un bosque y lo fusilaron!

La increíble noticia se difunde en un santiamén. Todos creen saber
qué pasó. Cada uno cuenta cosas diferentes. Pero nosotros, ¡nosotros
sabemos que todo es falso!

No pueden haber matado al doctor Korczak. ¡Es imposible!

Es demasiado famoso. Es un gran médico, un científico, un escritor.
Ha curado a las personas más ricas y poderosas, ha dado conferencias
en el mundo entero, ha escrito muchos libros para grandes y para
pequeños, e incluso hubo un tiempo en que habló en la radio. Todos
en Polonia escuchaban sus *Charlas con el viejo doctor*.

Pero Pan Doktor —el Señor Doctor, como nosotros lo
llamamos— es sobre todo nuestro protector, el protector de
los huérfanos y de los niños pobres de Varsovia.

Adiós, calle Krochmalna

Ayer, 29 de noviembre de 1940, fuimos obligados a abandonar la Casa del Huérfano, nuestra grande y bella casa blanca situada en el número 92 de la calle Krochmalna, en Varsovia.

Ahí dejamos a nuestra querida lavandera y a Piotr Zalewski, el gigante que vigilaba el orfanato. Piotr nos permitía trabajar con él en la carpintería del sótano y, aunque a veces de broma nos torcía la nariz con sus enormes manos, nosotros lo queríamos bien.

Los dos, al vernos partir, tenían los ojos rojos, y Piotr tenía también la cara hinchada, a causa de los golpes que recibiera de los soldados alemanes. Los dos querían seguirnos a nuestra nueva casa, pero ellos no tienen derecho a acompañarnos *del otro lado*.

Cuando nos fuimos de la Casa del Huérfano, vi a Pan Doktor dirigir su mirada por última vez hacia la pequeña buhardilla del último piso. Era su cuarto, con el gran escritorio de roble, una angosta cama de hierro y libros que tapizaban los muros. Ahí era donde dormía, le daba de comer a los gorriones de paso, escribía libros para explicar a los adultos cómo amar y respetar a los niños, e inventaba cuentos con héroes de nuestra edad, como el Rey Matías I o Kaytek, el Mago.

No vivía solo: una ratoncita de nombre Perspicacia habitaba debajo de su armario y salía a visitarlo.

Ayer, con el corazón estrujado, pero la cabeza erguida y una canción en los labios, llegamos a nuestro nuevo hogar, en el número 33 de la calle Chlodna, *del otro lado*.

El doctor Korczak siempre se niega a la tristeza y a la resignación. Cuando comenzó la guerra y el ejército alemán invadió Polonia en septiembre de 1939, cuando las bombas llovían sobre Varsovia y desgarraban el cielo con rojos relámpagos, Pan Doktor hablaba en la radio para levantarles el ánimo a los polacos, corría entre los escombros y las llamas para ayudar a los heridos e incluso se hacía el chistoso para alejar la desesperación.

Cuando los alemanes nos obligaron a dejar nuestra casa de la calle Krochmalna, Pan Doktor quiso que nuestro traslado pareciera el viaje de una gran compañía de teatro y no una miserable mudanza.

Recorrimos las calles como un desfile de circo. Nosotros, los ciento setenta inquilinos del orfanato —Félek, Aaron (el de los pulmones débiles), Wientraub (con su única pierna), Mendel, Chaïm (el estafador), Moniek, Génia, Ania, Régine, Maryla y todos los demás— marchamos orgullosamente detrás de la bandera verde del Rey Matías I que ondeaba en el viento.

Pan Doktor, Pani[1] Stefa y todo el equipo de educadores escoltaban el largo cortejo. Cargábamos lámparas, dibujos, sábanas y cobijas, plantas verdes, unas jaulas con nuestros pajaritos y otros pequeños animales.

---

[1] *Pani* significa señora o dama en polaco. N. T.

En nuestros bolsillos guardamos las "postales recuerdo" que Pan Doktor nos reparte para que no olvidemos nuestras acciones, las buenas, pero también las malas. Hay varias postales, como la "de flores" que se le da a quien pela un costal de papas, o la "del invierno" que recibimos si nos levantamos temprano, o la "del tigre" para cuando nos peleamos, y la postal del "noteolvidesdemí" para los que dejan el orfanato.

Si cuido bien de Mietek, me darán la "postal de la asistencia". Cuando un niño nuevo llega al orfanato, otro más grande tiene que ayudarle durante tres meses. Yo soy el tutor de Mietek, quien llegó al orfanato en septiembre.

Detrás de nosotros, cerraban el cortejo las carretas de los colchones, del carbón y de las provisiones de papas.

Las calles estaban llenas de gente con la mirada triste y agobiada que caminaba con todas sus cosas amontonadas en carretillas, en carriolas o sobre sus hombros. Ellos también habían recibido de los alemanes la orden de ir a vivir *al otro lado*.

Mietek, que me tomaba de la mano, preguntaba sin cesar:

—Simón, ¿está lejos ahí a donde vamos?

—No, camina. Esta distancia un gorrión la puede recorrer con unos cuantos aleteos y el Gato con Botas, de un solo paso.

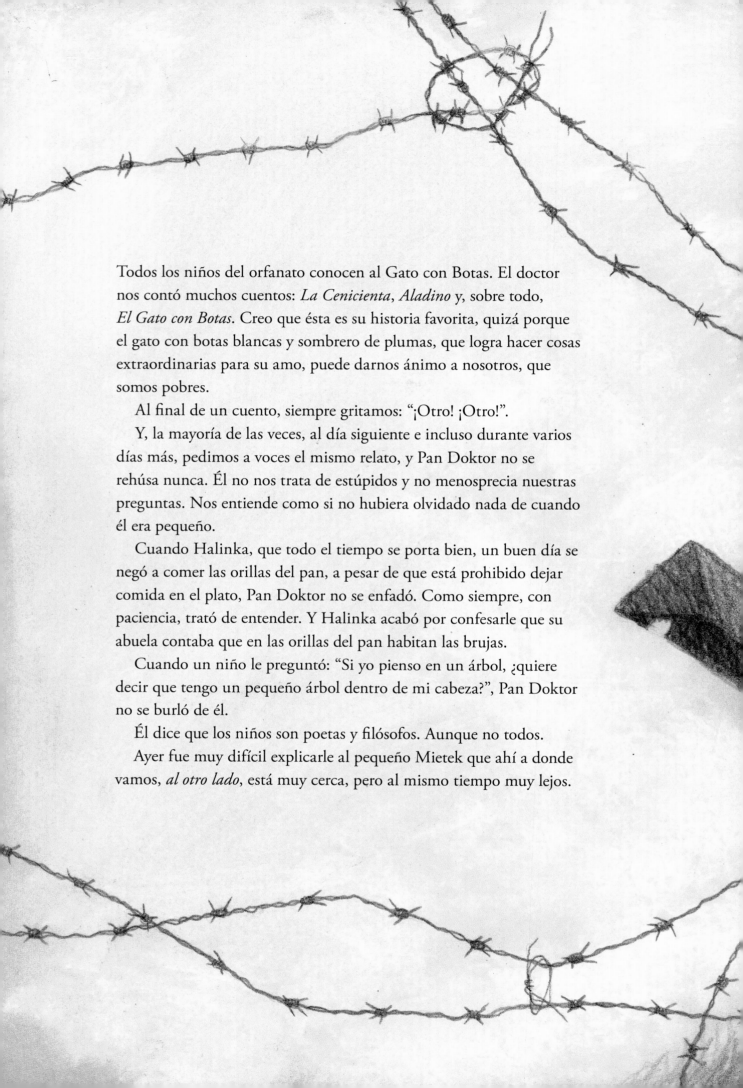

Todos los niños del orfanato conocen al Gato con Botas. El doctor nos contó muchos cuentos: *La Cenicienta*, *Aladino* y, sobre todo, *El Gato con Botas*. Creo que ésta es su historia favorita, quizá porque el gato con botas blancas y sombrero de plumas, que logra hacer cosas extraordinarias para su amo, puede darnos ánimo a nosotros, que somos pobres.

Al final de un cuento, siempre gritamos: "¡Otro! ¡Otro!".

Y, la mayoría de las veces, al día siguiente e incluso durante varios días más, pedimos a voces el mismo relato, y Pan Doktor no se rehúsa nunca. Él no nos trata de estúpidos y no menosprecia nuestras preguntas. Nos entiende como si no hubiera olvidado nada de cuando él era pequeño.

Cuando Halinka, que todo el tiempo se porta bien, un buen día se negó a comer las orillas del pan, a pesar de que está prohibido dejar comida en el plato, Pan Doktor no se enfadó. Como siempre, con paciencia, trató de entender. Y Halinka acabó por confesarle que su abuela contaba que en las orillas del pan habitan las brujas.

Cuando un niño le preguntó: "Si yo pienso en un árbol, ¿quiere decir que tengo un pequeño árbol dentro de mi cabeza?", Pan Doktor no se burló de él.

Él dice que los niños son poetas y filósofos. Aunque no todos.

Ayer fue muy difícil explicarle al pequeño Mietek que ahí a donde vamos, *al otro lado*, está muy cerca, pero al mismo tiempo muy lejos.

Es en el mismo país, Polonia; la misma ciudad, Varsovia; está muy cerca de la calle Krochmalna;

Para entrar, uno muestra sus documentos como cuando se cruza una frontera o una aduana. Fue justo en ese momento cuando un soldado alemán nos confiscó la última carretilla de nuestra caravana, llena de papas.

Pan Doktor se molestó, pero no pudo recuperarla, y tuvimos que seguir adelante y entrar al país *del otro lado*, llamado gueto.

Es un pequeño país de unos cuantos kilómetros cuadrados, cercado por muros altísimos construidos por orden de los alemanes, vigilado por soldados en cada una de sus veintiocho puertas.

Antes era un barrio como cualquier otro de Varsovia, donde todos vivían juntos. Ahora es un país-cárcel creado por los nazis para encerrar a los judíos. A todos los judíos: ancianos, adultos y niños como nosotros.

Un país minúsculo para miles de personas que ya no tienen trabajo, ni casa, ni pan, ni carbón.

La lavandera y el gigante Zalewski no pudieron seguirnos hasta el gueto porque ellos no son judíos.

sin embargo, *el otro lado*
es como un país extranjero.

Fue en la tarde cuando la noticia de la desaparición de Pan Doktor empezó a correr por las calles del gueto. Aunque nosotros nos dimos cuenta de su ausencia desde que nos despertamos.

Pani Stefa, enfundada en su mismo vestido negro de cuello blanco de siempre, dirigía sola las operaciones de instalación en la nueva casa. La gran verruga al lado de su nariz también se había mudado y, esa mañana, no paraba de temblar mientras ella hablaba.

Pani Stefa dirige el orfanato con Pan Doktor y, cuando él no está, es ella quien lo reemplaza. Parece severa, con su rostro afilado y su cabello oscuro, pero cuida de nosotros y nos cura como la madre que muchos hemos perdido. Ella ve y se entera de todo. Siempre llega tan silenciosa que nadie la oye. Es grande y fuerte, pero se desliza ligera como un barco sobre el agua.

Esta mañana, nosotros los grandes la perseguíamos preguntándole:

—¿Dónde está Pan Doktor? ¿Dónde está Pan Dockor?

Pani Stefa no contestaba y se veía muy preocupada.

Fue el cartero quien nos lo contó.

—Esta mañana, muy temprano, el doctor Korczak se puso sus botas militares de cuero, de las que nunca se separa, pero no se puso la vieja bata gris de todos los días. Se vistió con su uniforme de oficial polaco, aquel que utilizó en tres guerras, y luego salió con paso firme y decidido.

—¿Y a dónde fue?

—Fue al Palacio Blank para recuperar la carretilla de papas que le robaron ayer los soldados alemanes.

Entonces dejamos de hacer preguntas.

Conocemos bien el Palacio Blank, el imponente edificio donde la Gestapo, la policía nazi, se ha instalado.

Pan Doktor fue a meterse a la boca del lobo, pero ¿habrá un hada que pueda sacarlo de aquella casa del diablo, o un mago que logre hacerle atravesar las paredes de la "casa del miedo y de los golpes"?

Cualquiera tiembla al pasar frente al Palacio Blank.

La casa donde, día y noche, retumban los golpes y resuenan los gritos.

La casa de las lágrimas

Nuestra nueva casa, en el número 33 de la calle Chlodna, es menos grande y menos hermosa que la de la calle Krochmalna. La Casa del Huérfano era un verdadero palacio con baños cuyos pisos eran de brillantes azulejos, lavabos de porcelana, escusados con descarga de agua, sala de lectura, salón de juegos y hasta calefacción central.

Para nosotros, que vivíamos con nuestras familias en desvanes, en sótanos de viejas casas, sucios y malsanos, era increíble poder habitar aquella enorme y bella mansión hecha para personas ricas e importantes.

Pero Pan Doktor cree que los niños, aun los más pobres, son personas importantes que merecen toda esa belleza.

¡Ahora nos tenemos que instalar! Antes aquí había una escuela, así
que, en la noche, transformamos las aulas en dormitorios.

Pani Stefa, la "Ministra del Interior" de Pan Doktor, lo organiza
todo rápidamente con el grupo de los educadores y con nosotros,
los mayores.

Corre de un lado a otro, da órdenes, pero no es la misma de siempre.
Está en otra parte. Su rostro es grave y ningún niño consigue arrancarle
una sonrisa.

Pronto cada uno de nosotros encontrará sus cosas y ocupará su lugar,
pero sin Pan Doktor ya nada será como antes. Se acabará la República
de los niños que él creó para nosotros en la Casa del Huérfano.

Sí, una verdadera República

con Parlamento y veinte diputados que deciden las cosas importantes, pero, sobre todo, con un tribunal para que no haya injusticias y para que nuestros problemas sean tomados en serio.

—Y si un niño se quiere quejar de algo, ¿cómo le hace? —me pregunta Mietek.

—¿De qué te quieres quejar?

—De nada, ¡sólo quiero saber!

—Es muy sencillo. Hay un pizarrón donde cualquiera puede escribir su nombre, de qué se queja y el nombre de la persona a la que acusa, niño o adulto.

—¿También un grande puede ser condenado?

—Claro que sí, incluso el mismísimo Pan Doktor ya fue juzgado y condenado. El tribunal siempre busca la verdad, tiene un código con mil artículos, uno para cada falta. Los primeros hablan de cosas pequeñas, que no son graves; los que siguen, de cosas más importantes. El artículo 900 dice: "Hemos perdido toda esperanza de que el acusado pueda cambiar algún día; sin embargo, lo retendremos si alguien todavía confía en él". El último, el artículo 1000 dice: "Nosotros expulsamos al acusado del orfanato".

—¿Y a veces eso pasa?

—Claro que sí. Pan Doktor no cree que todos los niños sean unos ángeles. Ahí tienes a Fula, por ejemplo, que le envenenaba la vida a todos, o a Abraham Pieklo, el pequeño diablo; los dos fueron expulsados.

Mietek calló un largo rato, luego me preguntó:

—¿Entonces Pan Doktor no quiere a todos los niños?

—No, Mietek. Pan Doktor nos explicó que el amor no puede ser obligatorio, pero el respeto sí. Y en la Casa del Huérfano ésta es una ley.

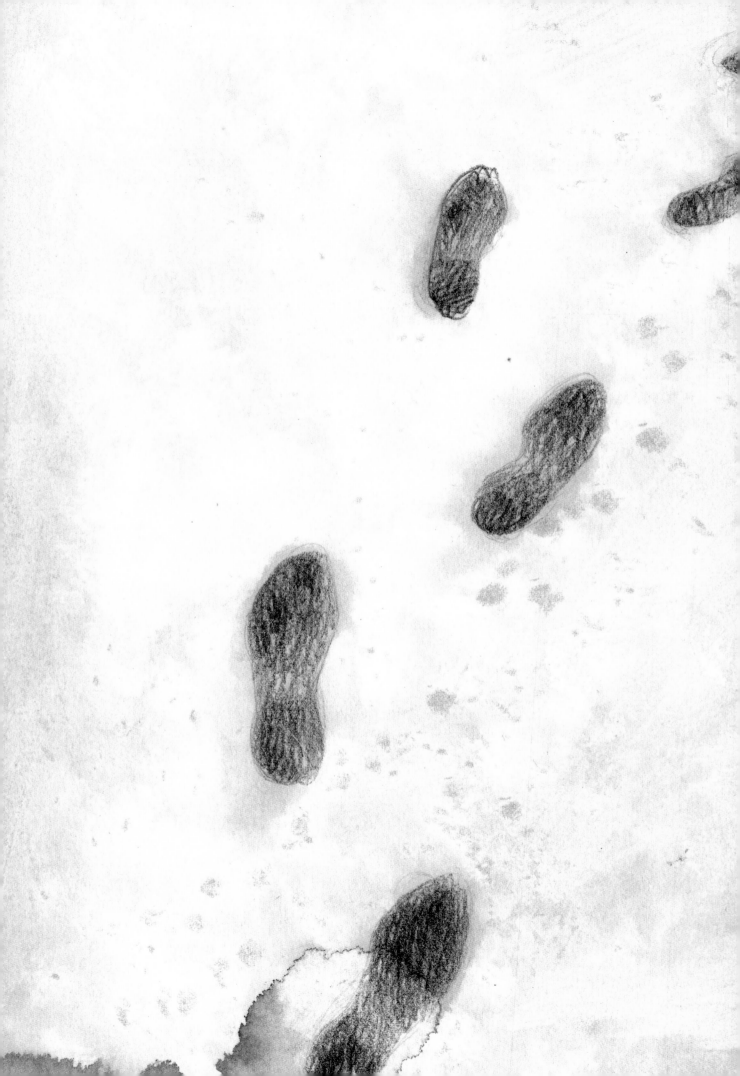

Si Pan Doktor no regresara,

adiós tribunal de las mil sentencias,

escaparate de los objetos perdidos, buzón del

correo para escribirnos cuando nos es difícil hablar,

periódico del sábado, palabras de estímulo, postales recuerdo…

—Simón, ¿por qué Pan Doktor fue ahí si es tan peligroso?

—Escucha, Mietek, todos los días Pan Doktor recorre las calles con sus piernas cansadas y pide dinero y comida para nosotros, sus huérfanos. Una carretilla de papas representa días y días de búsqueda para él y de comida para nosotros. ¿Entiendes por qué es tan valiosa esa carretilla? En el gueto prácticamente no hay nada que comprar.

—¿Y si no regresa?

—Va a regresar, Mietek, porque nosotros lo esperamos con confianza, y él nunca ha traicionado nuestra confianza.

No le dije que en el Palacio Blank no hay tribunal, ni verdad, ni justicia.

¡Pan Doktor no ha muerto!

Harry Kaliszer, un antiguo huésped del orfanato al que Pan Doktor quería mucho, consiguió ponerse en contacto con los alemanes. Intentará, junto con otros amigos, que lo liberen a cambio de un rescate.

Ahora sabemos qué pasó cuando Pan Doktor fue a reclamar nuestra carretilla de papas. Él creyó que con su uniforme de oficial polaco, sus altas botas, sus gafas de intelectual y su barbita roja lo respetarían.

En un primer momento, el oficial nazi efectivamente quedó impresionado con él; no pensó que Pan Doktor, quien hablaba muy bien alemán, fuera judío. Pero cuando se dio cuenta de quién era, se burló de su viejo uniforme y del tono autoritario de Pan Doktor. Para él, ya no era nada más que un viejo judío que se atrevía a protestar y que, además, no llevaba puesto el brazalete obligatorio para todos los judíos.

Entonces lo insultó, le pegó y lo metió en una celda con otros prisioneros.

¿Cómo se atrevieron a pegarle a Pan Doktor, a él que nunca le pega a los niños y que justo por ese motivo había despedido a un educador?

¡Ah! Quisiera ser fuerte como el Sansón de la Biblia cuando, ciego, pero tras haber recobrado sus fuerzas, derribó el templo sobre los malos. Quisiera ser el niño de la lámpara mágica para hacer aparecer al genio que liberara a nuestro viejo Doctor. Quisiera vengar al padre de todos los huérfanos, de todos los niños pobres. Pero sólo soy Simón. Un huérfano judío prisionero en el gueto de Varsovia.

En nuestra nueva casa de la calle Chlodna, la vida ahora está
bien organizada. En el sótano incluso hay una sala para curar a
los niños enfermos.

Pani Stefa no quiere que vayan al hospital
del gueto donde podrían contagiarse de tifo
o de cólera. Ella no tiene muchas medicinas,
pero sabe curar con cosas sencillas.

Sin embargo, nosotros extrañamos
a Pan Doktor.

Extrañamos jugar con él, sus cuentos y
los relatos que él inventa, y los conciertos que
organiza con la pequeña orquesta del orfanato.

Extrañamos su manera de darnos ánimo.

Cuando nos duele algo, él nos soba repitiendo:

Abracadí, abracadó,
aquí nada pasó,
abracadó, abracadá,
y nada pasará…

Y el dolor desaparece.

En la noche se pasea por entre las camas y se agacha para
escucharnos respirar, para saber si tenemos tos o si suspiramos, y
descubrir así quién está enfermo, quién es infeliz o quién tiene miedo.

A veces se sienta en una banca y de inmediato los niños lo rodean
y se le echan encima. Entonces él dice que es un viejo árbol sobre el
cual los niños se posan como si fueran pájaros.

Mientras habla, a menudo nos acaricia las mejillas y pone la
mano sobre nuestra cabeza. Las palmas de sus manos son fuertes,
secas y dulces.

Aunque haya mucha gente, los ojos azules y penetrantes de Pan
Doktor se percatan del niño triste que se queda aislado. Se le acerca,
le acaricia la cabeza y le susurra al oído algunas palabras sencillas,
pero valiosas, como un gran secreto.

Pan Doktor ha regresado.

Pero ha cambiado mucho. Mietek apenas lo reconoció. Está pálido, flaco, arrugado y marchito como una vieja manzana. Tiene ojeras rojas y respira mal. Sus ojos brillan, sin duda por la alegría de volver a vernos, pero también por la fiebre.

Pasó un mes en la cárcel de Pawiak. Ahora estamos en diciembre.

Todos nos acomodamos en fila para recibirlo y las niñas le prepararon un discurso de bienvenida. Él nos dejó enseguida para ir a su cuarto, no sin antes hacernos una promesa:

—¡El sábado les contaré mis aventuras!

El día de su regreso, Pan Doktor pidió que la puerta que da a la calle siempre quedara cerrada y que ninguna luz se filtrara por la noche.

Pero el sábado vinieron todos los amigos y volvimos a encontrar a nuestro Pan Doktor de siempre. Lo bombardeamos con preguntas:

—¿Cómo era la cárcel?

Contestó con aire malicioso:

—¡Maravillosa! Mi celda era tan hermosa como el palacio del Rey Matías: ¡dormía bien, hacía ejercicio y, a veces, comía hasta más no poder!

Luego nos hizo reír cuando nos dijo que los detenidos más terribles lo invitaban a compartir sus camas de paja sucia para pedirle cuentos como si fueran niños pequeños. Pero lo más divertido fue cuando Pan Doktor nos explicó cómo entrenaba a esos hombres para atrapar pulgas.

Pan Doktor no nos dijo nada del daño que le hicieron los alemanes en el Palacio Blank y en Pawiak.

Ahora, cuando camina por las calles, necesita un bastón.

Los primeros días, ni siquiera salía solo.

Aunque nuestra casa, gracias a Pan Doktor, sigue pareciéndose un poco al mundo de antes, el gueto es cada día más extraño y miserable.

A diario llegan judíos de todas las regiones del país y cada vez hay menos espacio. Las calles están repletas de gente, por doquier hay mendigos andrajosos que intentan vender cosas viejas.

Familias enteras sin techo están sentadas en las banquetas, acurrucadas unas contra otras para no morirse de frío.

Las aceras están también tapizadas de muertos; a veces son niños o bebés.

Los envuelven con papel de periódico y los arrojan a una fosa común.

Podemos oír a músicos y cantantes de ópera, famosos antes de la guerra, que ahora piden limosna y esperan que alguien les dé unas monedas.

La oficina de correos ya no entrega la correspondencia, y los paquetes de alimentos que Pan Doktor recibía del mundo entero ahora están prohibidos.

El gueto está invadido por ratas, por lo que algunos muchachos se han especializado en cazar gatos. También hay chicos contrabandistas que intentan salir del gueto, y niños pequeños que se meten en las alcantarillas o pasan a través de agujeros en los muros para alcanzar el otro lado, ahí donde el mundo normal sigue existiendo. Intentan conseguir algo de comida para sus familias.

Ya no tenemos casi nada de comer, la sopa está cada día más aguada, y muchos de nosotros hemos enfermado.

Pero Pan Doktor quiere que la vida continúe y que dentro de nuestra casa todavía resuenen la música, los cantos y las voces de los espectáculos de marionetas. Nuestra casa tiene que seguir siendo una isla en medio del océano sacudido por la tempestad, y cada uno de nosotros, nos dice Pan Doktor, debe proteger su castillo interior.

Nos anima a escribir un diario. Le dejamos leer el nuestro y, a cambio, nosotros podemos leer el suyo. Compartimos. Así es como conocí la historia del canario.

Henryk Goldszmit tenía un canario al que quería mucho. Una mañana lo encontró muerto en el fondo de su jaula. Lo envolvió en algodón, lo puso en una caja de caramelos vacía y decidió enterrarlo al pie del castaño en el patio de su casa. Fabricó también una cruz que quiso colocar sobre la pequeña tumba. Pero el hijo del portero se lo impidió y le dijo:

—Tú no tienes derecho a hacer eso, tú eres judío y tu canario también lo es.

El pequeño Henryk sólo tenía cinco años y tuvo miedo; creyó que él y su canario acabarían en un lugar completamente oscuro y que el paraíso estaba prohibido para los judíos.

Ya de adulto, Henryk Goldszmit adoptó el nombre de Janus Korczak para escribir sus libros. Eligió el nombre de un héroe de novelas, huérfano como nosotros.

Quisiera poder viajar en el tiempo y partirle la cara al hijo del portero.

En el gueto, las escuelas están prohibidas, pero a nosotros nos dan
clases a escondidas. Y Pan Doktor invita a personas que nos hablan
de su trabajo, de sus pasiones.

Seguimos aprendiendo. Muchos, como yo, aprenden hebreo.
Cuando acabe la guerra, iremos allá, a la Tierra Prometida.
Pan Doktor ya fue dos veces, y sueña con construir un orfanato
en las colinas de Galilea. Para él, le gustaría un cuartito en una terraza
techada con ventanales por todos lados para no perderse ni una sola
puesta de sol y, en la noche, mirar las estrellas.

Ayer fue un profesor, el señor Zylbergberg, quien vino
al orfanato para hablarnos de un gran poeta
polaco que se llamaba Isaac Peretz
que vivía cerca de nuestra casa.
Nos leyó uno de sus poemas:
Hermanos. Y se volvió
una canción.

Blancos y morenos,
negros y amarillos,
mezclamos los colores.
Todos somos hermanos y hermanas,
nacidos de los mismos padres,
Dios nos ha creado a todos.
Nuestra patria es el mundo entero.
Todos somos hermanos.

La cantamos varias veces
tomándonos de las manos y
balanceándonos. Nos gusta
tanto esta canción que, junto
con Pan Doktor, decidimos
que *Hermanos* será, de ahora
en adelante, el himno
de nuestro orfanato.

La última mudanza

El 26 de octubre de 1941 nos mudamos nuevamente.

La calle Chlodna ya no era parte del gueto. Tuvimos que irnos. Los alemanes quitan calles sin parar y añaden habitantes.

Nuestra nueva casa, en el 16 de la calle Sienna, es aún más pequeña. ¿Cuánto tiempo vamos a quedarnos aquí?

Todos están agotados por el hambre, las enfermedades y la preocupación. Se oyen cosas tan espantosas… Se habla de trenes que salen hacia destinos horribles.

¿Veremos el fin de esta guerra?

¿Regresaremos algún día a la calle Krochmalna?

¿Mietek y los otros pequeños podrán jugar y vivir como niños?

¿Volveremos a ser polacos como los demás?

El sábado en la mañana fingimos interesarnos en la lectura del periódico del orfanato, pero éste no nos da la única noticia que esperamos saber:

¿qué va a pasar con nosotros?

A causa del hambre y de la preocupación, comenzamos a parecer pequeños ancianos.

El gueto se vuelve un país minúsculo y aun más encerrado en sí mismo. Quien cruza sus fronteras sin autorización está condenado a morir. Ya no sabemos nada de lo que pasa allá, del otro lado del muro, donde viven los polacos.

El otro lado está, ahora, más lejos que América.

Es el mes de mayo de 1942 y no hay indicios de primavera. Aquí estamos en un país congelado. Hay tantos muertos en las calles que, quienes las recorren, ya no les prestan atención.

El mundo entero se ha olvidado de nosotros. Incluso la primavera se ha olvidado del gueto. Los árboles no florecen y el pasto muere. Ya ni las aves surcan el cielo negro del gueto.

Semi, junto con otros niños, escribió una carta para poder ir a jugar a la plaza Grzybowska, en los jardines de la iglesia.

Estimado Señor Cura de la parroquia de Todos los Santos:

Reverendo Padre, aprovechando su benevolencia, nos permitimos pedirle permiso para ir a jugar de vez en cuando al jardín que está al lado de su iglesia, de preferencia entre seis y media y diez de la mañana.

Nos hacen falta un poco de aire y vegetación.

Nuestra casa es muy estrecha y nos asfixiamos. Quisiéramos conocer algo de la naturaleza y hacernos sus amigos.

Prometemos no estropear nada.

Le agradeceremos mucho que no rechace nuestra petición.

Zygmus, Abrasza, Hanka, Aron, Semi

Fue entonces que recordé nuestras maravillosas vacaciones en el campamento La Pequeña Rosa y nuestro último verano ahí, en 1940.

Le cuento a Mietek, que no conoció nada de eso, cómo descubrimos la naturaleza, los animales y la vida en el campo.

—¿Por qué —me pregunta Mietek— el campamento se llamaba La Pequeña Rosa?

—Las personas que regalaron el terreno a Pan Doktor tenían una niña pequeña que murió. Se llamaba Rosa. Entonces le dimos su nombre al campamento.

—¿Y qué hacían ahí?

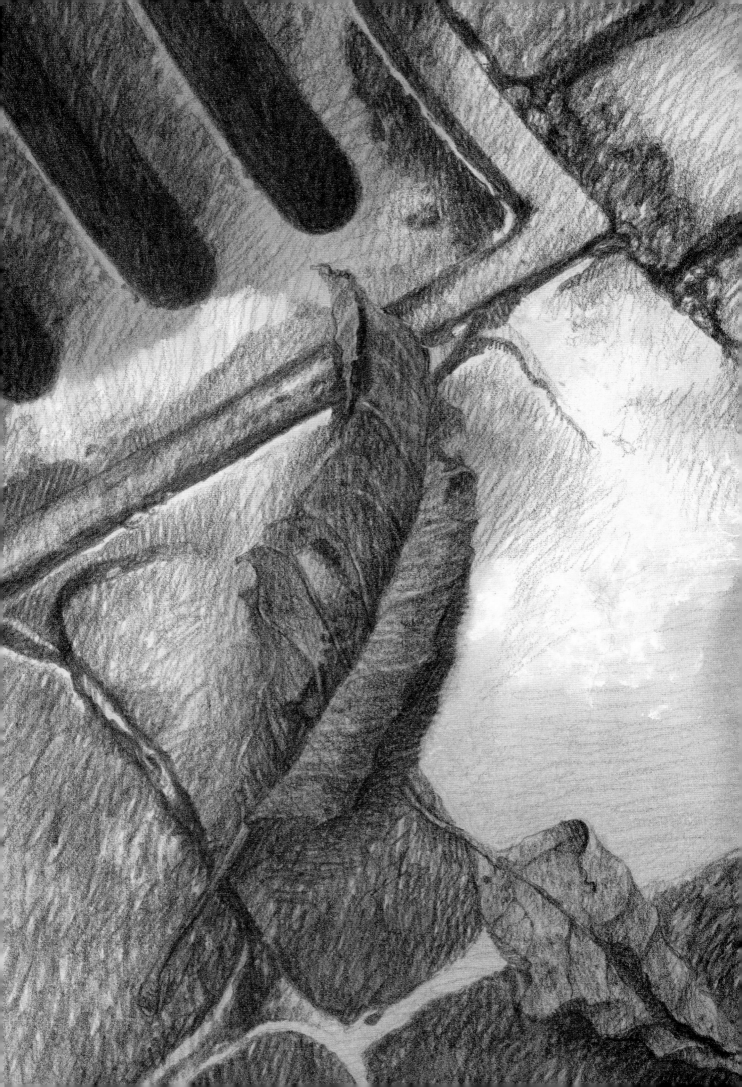

—En el verano nos quedábamos cuatro largas semanas y descubríamos un mundo que nunca hubiéramos podido imaginar en nuestras viejas calles de Varsovia, en los oscuros y cerrados patios de nuestras casas. Fue ahí donde por primera vez vimos un bosque y un atardecer. Había pinos y abedules, y ardillas que vivían entre los árboles. Descubrimos cómo crecen las papas, qué es un arado, cómo se ordeña una vaca y una cosa extraordinaria: un potro.

"Pan Doktor decía que aquellas cuatro semanas debían ser como un largo día de alegría y felicidad.

"¡Allá todos mostrábamos nuestro valor! La gente que no quiere a los judíos dice que somos miedosos. ¡Pero no es cierto! Brincábamos en el agua fría del río como los otros niños. ¡Chapoteábamos en el agua y nos salpicábamos como todos los demás!

En el rostro pálido y flaco de Mietek, sus ojos cansados y bien abiertos reflejan la luz y el cielo transparente de La Pequeña Rosa.

Entonces dejo de contarle, porque de repente me sobreviene un pensamiento: Mietek nunca verá un potro levantarse en sus frágiles patas, no conocerá el agua fresca del río ni el brinco alegre de las ardillas entre las ramas.

Los alemanes no quieren que los niños judíos lleguen a ser grandes.

Todos en el orfanato queremos a Abrasha, el niño que toca el violín. Es él quien fue elegido para el papel principal, el de Amal, en la obra de teatro que vamos a presentar hoy, 18 de julio de 1942, a las cuatro y media en la sala grande del primer piso.

La obra se titula *Amal o El cartero del rey* y fue escrita por Rabindranath Tagore. Llevamos puesta nuestra mejor ropa y la sala está llena.

Es la historia de un niño enfermo, confinado a estar en su cama. Detrás de su ventana pasan el cartero, la joven florista, el vendedor de agua y el lechero. Los niños juegan y las flores despiden su perfume.

El amor de Amal por todas estas cosas hermosas es inmenso y conquista el corazón de quienes lo conocen. Sin embargo, Amal extraña la libertad; quiere huir lejos, hacia las montañas, hacia el río, gozar de los rayos del sol, oír el canto de los pájaros. Quiere dejar aquel cuarto tan triste y desolado como el gueto.

Pero la persona que lo cuida le dice que pronto el rey vendrá a su cabecera. Llega primero el médico del rey, quien hace abrir las ventanas de par en par y deja que la brisa de la noche entre en su cuarto. Amal dice que ya no sufre y se duerme dulcemente. Se despertará sólo cuando el rey lo llame y le pida seguirlo.

Rodeamos a Amal formando un arcoíris. Cada una de sus palabras entra en nuestro interior y nos regala dulzura y tranquilidad.

Cuando termina la obra, todos guardan silencio. En el fondo de nuestros corazones de niños, nosotros sabemos quién es el rey. Él vendrá y liberará a Amal. Él es el Ángel de la muerte.

Al final, cuando se desatan los aplausos, Pan Doktor permanece con la cabeza agachada.

* * *

Hacía mucho calor el 5 de agosto de 1942.

Todavía era muy temprano en la mañana cuando, de repente, unos gritos y silbatos retumbaron en toda la casa de la calle Sienna.

Como las otras veces, los alemanes llegaron por sorpresa.

En un cuarto de hora, todos los niños estaban afuera, agrupados para ir hacia el Umschlagplatz, la plaza de la que salen los trenes.

El cortejo se puso en marcha. Los jóvenes se turnaban para llevar la bandera del Rey Matías. Estaban Zygmus, Sami, Hanka, Aronek, Eva Mandelblatt, Mendelek, Hella, Hanna, Jakub, Mietek, Simón y todos los demás.

Nos habían privado de todo
y, en lo más profundo
de nuestros corazones,
sabíamos que nunca
íbamos a ser grandes.

Pero nuestro himno
se llamaba *Hermanos*.

Nos asesinaron
y no tuvimos sepultura,
como el amado canario
que el pequeño Henryk Goldszmit
no pudo enterrar.

Fuimos jóvenes plantas
arrancadas con violencia
de la tierra.

No nos volvimos árboles
y no pudimos dar los frutos
que hubiéramos tenido que dar.

Pero, al vernos vivir,
al amarnos,
al tratarnos con respeto
y, a veces, con admiración,
el viejo doctor Korczak
hizo progresar la lucha
a favor de los niños.

Los derechos de los niños,
reconocidos en el mundo entero,
son las promesas
que nosotros no pudimos cumplir,
los frutos
que no pudimos dar.

Había 192 niños y 10 adultos.

El viejo doctor Korczak encabezaba el cortejo, con la cabeza erguida
y la mirada fija en un punto lejano, tomando de la mano a dos niños.
Le seguía el grupo guiado por Stefa.
Miles de niños procedentes de otras instituciones y familias enteras
los alcanzaron en la gran plaza de Partida, sucia, quemada por el sol,
invadida por llantos y gritos.
Cuentan que un mensajero fue con el doctor Korczak y le dio un recado en
el que se le ofrecía la libertad, y que él se rehusó a abandonar a los niños.
Los vagones nos llevaron a todos al campo de Treblinka, al norte
de Varsovia.
Fue el último viaje.

"No nos es concedido dejar el mundo así como está."

Janusz Korczak

Janusz Korczak se encargó durante más de treinta años de miles de niños pobres y sin familia, no únicamente judíos. Pediatra de formación, entendió enseguida que, para cuidarlos de verdad, a la medicina tendría que sumarse la pedagogía. Nació así una de las experiencias más extraordinarias que recuerde la historia, con niños que participaron activamente en su propia formación. Una experiencia que continuó también entre los muros del gueto de Varsovia, con Janusz Korczak siempre al lado de sus niños, a quienes nunca abandonó, aunque hubiera podido hacerlo cuando los nazis decidieron llevárselos a su último viaje al campo de Treblinka.

Sus huellas, junto con las de sus niños, quedan indelebles en la Convención sobre los Derechos del Niño aprobada por la ONU en Nueva York, el 20 de noviembre de 1989.

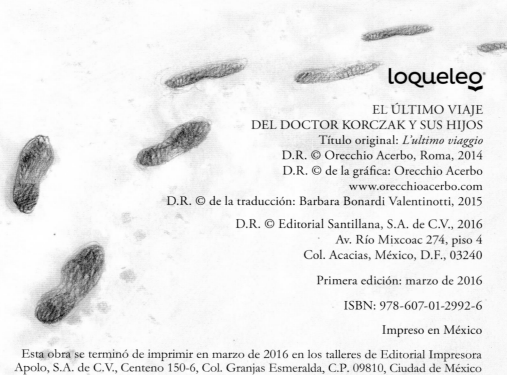

loqueleo

EL ÚLTIMO VIAJE
DEL DOCTOR KORCZAK Y SUS HIJOS
Título original: *L'ultimo viaggio*
D.R. © Orecchio Acerbo, Roma, 2014
D.R. © de la gráfica: Orecchio Acerbo
www.orecchioacerbo.com
D.R. © de la traducción: Barbara Bonardi Valentinotti, 2015

D.R. © Editorial Santillana, S.A. de C.V., 2016
Av. Río Mixcoac 274, piso 4
Col. Acacias, México, D.F., 03240

Primera edición: marzo de 2016

ISBN: 978-607-01-2992-6

Impreso en México

Esta obra se terminó de imprimir en marzo de 2016 en los talleres de Editorial Impresora Apolo, S.A. de C.V., Centeno 150-6, Col. Granjas Esmeralda, C.P. 09810, Ciudad de México

www.loqueleo.santillana.com

SANTILLANA